JN438554

물처럼 구름처럼

廈象 신영학 제6시집

도서출판 채운재

하늘이 주신 선물

감사하는 마음으로 소중하게 잘 써야 하지요.

요즈음 세상은 과학이 발달하여 첨단화된 장비들이 참으로 많습니다.

진화하는 컴퓨터를 기초로 하여 소위 신의 영역까지도 넘볼 것처럼 넘나듭니다. 하지만 우리 인간은 그런 오만으로 말미암아 잃는 것이 더 많아지게 된다는 사실입니다. 대부분 사람이 이성을 잃고 쫓는 지식으로 발전하는 문명, 그리고 부와 명예는 종종 엄청난 저주로 화답하고 있습니다. 소위 지식과 문명의 저주, 부의 저주, 명예의 저주라고 말하는 것들입니다. 최첨단화된 컴퓨터에도 바이러스가 감염되고 에너지가 공급되지 않는다면 그것은 한낱 고철 덩어리에 불과할 것입니다. 그러니 좋은 정보와 더불어 안정적인 에너지가 원만하게 공급될 때에 본래의 기능을 담당하게 됩니다.

우리의 몸과 마음에도 건강하지 못한 습관과 미움, 질투, 시기, 노여움 집착과 어리석으므로 가득 채워져 있다면 우리의 몸은 질병에 노출되어 고통으로 시달리게 될 것입니다. 즉, 건강하지 못한 습관이나 미움, 질투, 시기, 노여움, 집착, 어리석음 등은 컴퓨터에 감염된 바이러스와 같은 것입니다.

왜, 그럴까!

왜, 석가모니의 말씀은
불경佛經이 되었을까

수 천 년이 지날수록
점점 빛을 더 내는 걸까
왜, 예수 그리스도의 말씀은
성경聖經이 되었을까
세월을 더 할수록
점점 늘 푸른 생명처럼 살아날까
왜, 석가모니는 "알 것도 없고 얻을 것도 없으니
자비慈悲롭게 살라." 했을까
왜, 예수 그리스도는
"네 이웃을 네 몸과 같이 사랑하라." 했을까.

이렇듯 성인들의 충고를 들어야 합니다. 신의 충고를 들어야 합니다. 그래야 짧디짧은 생이지만 온전하고 평화롭고 행복하고 기쁨으로 가득한 일생을 꾸며 나갈 수 있을 것입니다. 다시 말하면 사랑과 나눔과 봉사로 점철하는 삶이 세상에 온 사명을 이뤄가는 길인 것입니다.

이렇듯 단순하고 아주 쉬운 것이 우리들의 삶의 본질입니다. 우리의 몸은 자연과 같아서 본래의 건강한 상태로 복원시킬 수 있는 자연 치유력을 지니고 있습니다. 현대 과학이 밝혀낸 바로 보면 인간의 뇌의 세포 수는 약 140억 개나 된다고 합니다. 그중에 우리가 활용하는 범위는 약 2~3%밖에 되지 않는다 하니 신은 우리 인간의 능력을 참으로 많이도 부여해 주셨습니다. 그 능력을 사랑과 나눔과 봉사로 쓸 때 우리는 창조주의 사명대로 사는 것입니다. 그럴 때 질병도 없이 고통도 없이 하늘이 정하여 주신 수명을 다 누리게 됩니다. 그리고서 언젠가 부르시는 날 "예!"하고 돌아가 잘 놀다가 왔노라고 고해야 할 것입니다.

우리의 몸과 영혼은 하늘이 내어 주신 지극한 사랑의 선물입니다.

| 차례 |

제2부 | 초월初月

제3부 | 결실結實

제4부 | 진실眞實

제 1 부

또 다른 나我

물처럼 구름처럼

산다는 게 아픔이란다
살아 있는 것 중에 부대끼지 않는 것 어디에 있다더냐
흘러가게 그냥 놔둬라
억지 부려 붙잡지 말라
대개 억지 뒤에 오는 게 아픔이더란다

구름처럼 바람에 몸 실어 흐르고
물처럼 낮은 곳으로 낮은 곳으로 흘러가거라
웅덩이 만나거든 다 채우고 지나가고
갈증이 있는 곳에는 마른 목을 적셔 주고
멈추지 말고 물처럼 구름처럼 흘러가거라

물이 흘러가며
낭떠러지라고 마다하더냐
구름이 흘러가며
거친 바람이라고 바람을 마다하더냐
온전히 맡겨두고 순리를 따라서 흘러가지 않더냐

사랑도 미움도 벗어 놓아라
근심도 걱정마저도 내려놓아라
하늘이 이 세상 온갖 만사萬事 만물萬物의 주인 되시니
네 뜻으로 억지 부리려 마라
그저 물처럼 구름처럼 흘러가야 하는 게 인생이더란다.

몫

자신이 남보다
더 많이 가졌다면
남의 몫이 줄어들었을 것이니
서로 나누고 살아야 되지 않는가

우리는 처음부터
내 것이란 없었으며
서로 나눔은 사명이요
진리라네

움켜쥐고
걸머지기보다는
서로 나눈들 줄지 않을 터이니
나누고 나누면 즐겁지 않은가.

시루

여보게
자네가 지금 원하는 자유를 다 누리고 산다면
만족할 수 있겠나
또 원하는 것을 다 가진다면
만족할 수 있겠나

욕망에 본질은 채워지지 않는 것이라네
시루에 물을 담을 수는 없지 않은가
또 시루에 모래를 담으려는
어리석은 수고와도 같다네

가난은 결코 적게 가진 것이 아니라네
다만 더 많이 가지려는 마음에서 비롯될 뿐이지
틀림없이 부자가 될 터인즉
만족하고 살아가소

자연에서 보소
분수에 넘치는 만물은 없다오
언제나 제자리에서 제 몫을 다하고 있소
쓰임에 만족하며 순리를 따르고 있다오

너 그거 아니

너 그거 아니
진실을 부정하고
자신의 잣대로 세상을 재려 하고
또 창조의 질서 앞에서
하찮은 존재라는 것을 인정하려 않는 거
또 있잖아
남을 있는 그대로 보려 하지 않는 것이
화목을 그르치는 교만한 마음이래
참 많은 모순덩어리야

너 그거 아니
온 세상은 우리를 위하여 존재하고
수많은 이들이 나를 위하여 기도하고 있다는 것을
우릴 지으신 아버지는
힘들고 괴로우면 언제든지 안기라고
포근한 가슴을 열어 놓고 계시는 거
또 있잖아
선물로 주어지는 순간을 보석처럼 아끼며 잘 사르래
서로 지극히 사랑하면서.

또 다른 나我

눈으로 보이는 것들
소리로 들리는 것들
모두가 나我 일부이거니
내 몸처럼 아끼고 사랑해야지

눈으로 보이는 것
소리로 들리는 것들로
마음이 정靜하고
또 동動하지 않는가

온 것도 눈으로 보이는 그곳
소리로 들리는 그곳이요
갈 곳도 눈으로 보이는 그곳
소리로 들리는 그곳이라오

눈으로 보이는 것
소리로 들리는 것
그 모두는
나와 둘로 나뉨이 아니라오.

사는 것

눈앞에
보이는 것들만으로
마음이 흔들리는 이는
꿈을 꾸듯이 살고

내면의 깊이에
관심을 두고
살아가는 이는
늘 깨어 있듯이 사네.

내 탓이요

자기를 병病들게 하고
자기를 멸滅하게 하는 것은
외부의 적賊이 아니오

다만, 자기 내면에 있는
게으르고
악惡한 마음으로부터 비롯되네요

나를 던져 세상의 밥으로 하고
내 안에서 고집이 센 나를 들어내어
그 자리 참 주인을 모셔야 하지요

세상에 온 사명이지요
거스르고 받는 것은
오직, 모두 내 탓이지요.

소재素材

듣고 보는 것으로
마음에 지식知識을 담는 것은
소재素材를 얻었을 뿐이다

깎지 않고 다듬지 않으면
버려질 돌멩이와 같고
썩어지고 말라 버릴 고인 물과 같더란다

오직, 사색思索하라

깎고 다듬어야 그릇을 이루고
끊임없이 솟는 우물처럼
깊고 맑아지리라

그릇은 세상의 쓰임이 되고
우물은 목 마른 자 쉬어 가며
갈증渴症을 푸르리라.

마음의 문

아무리 찾아봐도
밖으로는 손잡이가 보이질 않아

손잡이는 안으로만 달렸었네

그러니
너 밖에는 아무도 열 수 없겠구나

어둡고 침침하고
답답할 터인데

임이 보시기 참 안타까우시겠다

문 활짝 열고 나오면
이 세상이 얼마나 아름다운데

그 문 좀 활짝 열어봐
그리고 무엇이든 나누어봐

너는 가진 것이 많아
참 아름다운 세상이야.

너만 그런 게 아니야

알몸으로 서서
찬 바람으로 우는 나무
저리 울다 봄을 맞고

두서너 치 흙에 박고
추운 겨울 견디는 풀뿌리
꽁꽁 언 몸 녹으면 새싹을 내더라

맞서지 말라
세상을 맞서고 보면
노엽지 않은 일 없더란다

외로워 마라
세상에 드러난 것 중에
외롭지 않은 만물은 없더란다

순리로 맞고 마음을 바꾸면
그런대로 머물다 갈만한 곳이
세상이더란다.

일상日常

일상日常에서
절대로 비난非難일랑 하지 마셔요
오르지 칭찬稱讚하셔요
격려激勵와 위로慰勞는 사랑의 씨앗이랍니다

일상日常에서
절대로 부정不定일랑 하지 마셔요
오르지 긍정肯定하셔요
희망希望과 용기勇氣는 이룸의 씨앗이랍니다

일상日常에서
비난非難하고 있지는 않은가요
부정不定하고 있지는 않은가요
혹시 그렇다면 악순환惡循環입니다

내가 뿌리는
사랑의 씨앗은 사랑의 싹을 틔우고
이룸의 씨앗은 이룸의 싹을 틔우니
뿌리는 대로 거둔답니다.

선물膳物

어디서 왔다가
어디로 갈 것인지 도무지 모른다고
허둥대지 말라

하늘과 땅의 지극한 사랑으로 생겨났다가
여정旅程 끝내는 날
고이 그 품 안으로 되돌아갈 거란다

머무는 동안
순수純粹함을 꼭 붙들고 놓치지 말라
두려움과 어둠 속에 갇힐라

부대끼며 사는 동안에
화해和解와 용서容恕는
평화平和안에 머물게 하는 길이요

작은 것이라도
고마워함은
기쁨 속에 머물게 하리라

어떤 모양으로라도

살아만 있다면
그건 분명히 선물膳物이리니

오! 착한 그대여!
늘 처음처럼 새벽을 열고
늘 마지막인 것처럼 밤을 맞이하라.

마음

얼마나 많은
껍질을 벗겨 내야
하얀 속살을 볼 수 있나요
얼마나 많은 물이 있어야
그 안에서 이글이글 타는
불을 끌 수 있나요

겹겹이 쌓인 껍질로
멀고 닫히고 막혀 버린
얼굴!
언제쯤이야 온전해져서
너그럽고
따뜻해질 수 있나요

얼마나 많은
껍질을 벗겨 내야
겉과 속이 같아질 수 있나요
벗기고 또 벗겨도
다르기만 한
그 겉과 속을 어찌해야 하나요.

노을 앞에서

사는 것이 축복인 줄 모르고
허송虛送한 세월이 아깝다

해가 진다
벌겋게 노을이 불타고
잔잔해 보이는 호수가 금빛으로 일렁인다

서서히 어둠은 내리깔릴 테고
칠흑 같은 어둠은 나를 꽁꽁 묶어 놓고 말 것이다

마음 따로 몸 따로다
더 늦기 전에 어서 이루라

'사랑한다.'
'고맙다.'
'미안하다.'
'모두 다 내려놓았다.'
'용서하라.'라고

이 좋은 세상 왔다 갈 때
나비처럼 훨훨 가볍게 날아가야지
한恨을 도로 짊어지고 갈라

마음 따로 몸 따로 간다
어서 더 늦기 전에 이루라.

길

너와 내가 나선 길
이 길은 어차피 가야 할 험한 길

세상일 모두가
마음먹기 달렸더란다

길을 가다가 길이 아닌듯싶거든
쉬었다가 가거라

바람도 지나다 쉬어 가고
막히면 돌아서 가더라

구름도 흐르다 쉬어 가고
부딪치면 돌아가더라

쉬어 간들 어떠하냐
돌아서 간들 어떠하냐

그리 바삐 서둘러 가지 않아도
가야 할 길이면 다 간단다

앎으로도 지혜로도 헤아려서
가는 길도 아니잖으냐

이것이 우리가 가야 하는
인생길이란다

가다가 가다가 길이 아닌듯싶거든
쉬었다가 가라 돌아서 가라

그래도 아닌듯싶거든 하늘에 길을 묻고
인도하시는 길을 따라서 가라

이것이 우리가 왔다가 가는
처음이었고 끝나는 길이란다.

지나가는 것

노여워 말라
허공에서 타는 불이란다
오래지 않아 흔적도 없이 사라져 버린다

노여움으로
화를 부리고 나면
평생 지워지지 않는 상처로 남으리라

유혹에 빠지지 말라
참고 또 참아 지나고 나면
참 잘한 일이니 기쁨으로 남으리라

유혹에 빠져
허우적거리고 나면
평생 부끄러움으로 남으리라

세상사 모두다
오고 가는 것
올 것은 오고 갈 것은 간단다

노여워도 마라
유혹에 빠지지도 말라
모두다 고통의 씨앗이란다.

명품名品

너는 본래 명품이었다
세월을 더 하는 동안 깜빡하는 게으름으로
삼 악貪嗔恥의 넝쿨로 칭칭 매어져
네게 맡긴 소중한 평화와 자유를 잃었노라

이제는 끊어 버려라
악순환처럼 돌아가는 질긴 끈을 끊어 버려라
네게서 자유와 평화를 훔쳐간 허물을 벗어 던져 버려라
그리하면 본래의 네 모습을 보게 되리라

새로워져라
너 스스로 명품이 되어라
온 세상 사람 모두가 갖고 싶어하는
최고의 명품이 되어라

너를 곁에 두고 바라보는 나는 울고 있다
결국 네가 나인 것을 알고 있기에
앙상한 가지를 스치는 된 바람처럼 울고 있는 내 영혼을
너 스스로 명품이 되어 달래 주려무나.

나我는 선물

끙끙거리며 몸살을 한다
본래 평화안에 머물러야 하거늘
어리석으니 부질없는 것 꼭 붙잡고

지나고 보면 알아질 텐데
얼마나 하찮은 것에 매달려 있었는지
그러면서 마음엔 그림자 드리우고
육십조 개의 세포들을 방황하게 한다

한 주에 한 번씩 입으로는
"내 탓이요. 내 탓이요. 나의 큰 탓이라." 외쳐 대지만
가슴은 외면해 버렸다
전부가 "네 탓이란다."

끙끙거리며 몸살을 한다
방황하는 세포들이 길을 잃었다
세상사 내가 있어 생기는 일인 줄 내가 알면
내 탓인 줄 알련만

새처럼 자유로워라
네가 시방 몸살 하는 그 자리가 고운 꽃밭이란다
질긴 끈 풀고 새처럼 자유로워라.

때時

인연因緣 따라왔다가
인연因緣 따라가는 게 삶이런가

태어날 때가 있으니 죽을 때가 있고
올 때가 있으니 갈 때가 있다

뿌릴 때가 있으니 거둘 때가 있고
어두울 때가 있으니 밝을 때가 있다

때를 비켜 사르려 말라
그건 강물을 거꾸로 흐르게 하려는 억지와도 같더란다

추울 때가 있으니
더울 때가 있단다

말을 해야 할 때가 있고 말을 말아야 할 때가 있으니
시작할 때가 있고 끝내야 할 때가 있다

그러니 때는 삶의 도구道具일 뿐이다
이것저것 분별分別하지 말라

끝나는 것은
또 다른 시작이거니

세상만사世上萬事
돌고 도는 것이라

실상實狀이 그러하거늘 '때는 없다.'
'때는 없다, '고 생각하는 것조차도 없더란다.

문門

애초엔 없었는데
담을 쌓더니만
문을 만들어 닫는구나

아서라
그 문을 열어라
닫히면 탈이 난다

캄캄하면 무섭고
바람이 들고나지 않아
늘 젖어 있으니 칙칙하지 않으냐

오죽이나 답답하고 괴롭겠니
마음이 상하니
몸도 따라 상한단다

활짝 열어젖혀라
너를 비롯한 온 세상이 들고 나도록
싱싱한 생명이 벌떡 일어나게 시리.

우포늪

병풍으로 둘러선 먼 산
부드러운 산 등줄기
깊이 파인 골짜기
골짜기를 타고 흘러내린 이야기들
모이고 뭉개져서 한 몸을 이룬다

옛적부터 그랬거니
수 천 년의 역사를 녹여 담았구나
삭히고 썩혀 새 생명이 부활하는 늪이여
온갖 생명을 잉태하는
엄청 큰 자궁이어라.

푸른 듯! 낙엽이 지네

좋아라. 쫓는 재물을
만능으로 삼지 마소
언젠가는 크고 작은 허물이 되어
괴로움으로 다가서네

재물로 건강을 구할 수 있나
재물로 마음을 살 수가 있나
향락은 살 수 있을지언정
행복은 살 수 있는 것이 아니라네

나를 내세우는 이는 남을 이해하지 못하고
자신이 옳다고 고집하면 허물을 보지 못하니
어찌 화목을 이루리
용서는 자비의 버금이라 미움을 삭힌다네

잔꾀로서 이익을 얻으려 마소
변덕스런 마음은 괴로움이 끝이 되고
나의 이로움을 얻되 남의 이로움을 먼저 살피소
행복은 이웃으로부터 생겨난다네

안다는 것으로 사람을 비교하지 마소
오직 진실한 것이 사람다움이요
옳고 그름은 시비의 온상이 되니
바른 마음만이 사람다움이라네

일생의 실상을 모르고 사는 이는
어둠 속에서 헤매는 이요
깨닫지 못하고 사는 이는
산다 한 들 사는 것이 아니라네

얼씨구! 행복일세. 하면
아이고! 고통이요.
푸른듯하더니
어느새 낙엽이 지고 찬바람만 부네.

장군將軍

'목숨을 걸고 나라를 지킨다.'
그토록 거룩한 사명을 지녔거늘
양어깨 위에 주렁주렁 별이 걸렸다네
그대 이름은 거룩한 장군

백성의 안전을
백성의 생명을
백성의 행복을
오! 그대 이름은 성스러운 장군

오호라!
'목숨을 걸고 재물을 늘렸구려.'
그대에게 맡긴 이 나라가 위태롭소
그대에게 맡긴 순한 백성의 생명이 위태롭소

거룩한 장군이시여
성스러운 장군이시여
명예로운 장군이시여
빛나는 장군이시여

백성을 불쌍히 여기소
허물虛物에 마음을 두지 마소
명예에도 마음 두지 마소
오직 정의와 튼튼한 국방에만 마음을 두소

'장군將軍!'
그대의 명예는 백성이 지킬 것이요
그대의 이름은 수십만 대군의 본이요, 자랑이오
그대의 어깨 위에 걸린 이 나라를 지켜주시오.

딱 하나면 되지

학문은 오류를 이룰 수 있지만
진리는 영원한 사실로 남는다네

말 없는 이는 참을 아는 이요
말을 많이 하는 이는 참을 모르는 이

우리가 최고의 성인으로 모시는 이도
이르지 않았는가

"내 말을 믿지 마라.
내가 말을 많이 했으니,
내 말을 믿으면 안 된다." 했네

본래 진리는 허황한 말이 아니요
오르지 올바르고 사랑이 담긴 행이라네

그러니 진리는 딱, 하나!
자비요! 사랑일 뿐이네.

기다림

어제도 기다렸고
오늘도 기다립니다
아마 내일도 기다릴 테지요

고개를 살짝 돌리면
빤히 바라다보이는 동녘입니다
기다리지 않았던 날도 어김없이 날은 밝았었지요

왜 나는 이른 새벽이면
창가에 멀거니 앉아 여명을 기다리는지
시방도 힐끔힐끔 거리며 기다리고 있습니다

기다림이 깊으면
어스름은 쉬이 가려 하지 않습니다
잊고 무심하면 벌겋게 물이 들었지요

기다려서 지나간 것도 아니었고
기다려서 온 것도 아니었습니다
그냥 오고 가는 것이었습니다

그래서는 안 되는 줄 알면서도
나는 왜
늘 내 뜻대로만 하려는지 모릅니다

나의 일생을 준비하신 대로 맡겨 놓고
나는 그냥 신명으로 살면 될 일입니다
어느새 동녘이 환하게 밝아 옵니다.

가는 해 오는 해

한 생의 바다 파도처럼
쉼 없이 흔들리던 여러 날
태풍을 맞아 격정으로 흔들리고
미풍으로 잔잔하게 흔들리고
한 점 바람 없는 날도 흔들리기는 마찬가지였다

해 오르면
금빛
은빛
번갈아 깔아 가며 반짝였던 날들
웃다가 울다가 잠이 들곤 했지

그렇게
그렇게 한 해가 울을 넘는다
흔들리는 것이 삶이런가
울다가
웃다가 잠들곤 하는 게 삶이런가

쉼 없이 흔들리면서
쉼 없이 부대끼면서
오고 가버린 수많은 날
지는 노을이 쓸어 안고 서산을 넘는다
한 해가 가고 또 한 해가 울을 넘어온다.

자연산(이토록 귀한 말을)

나라의 한 축을 이끄는 정당
그 정당을 이끌어 가는 우두머리
그의 마음속에는 무엇이 살고 있나

나라를 사랑하는 마음
백성을 극진히 섬기려는 마음
그런 마음들이 살고 있을까

이 세상에는 잘난 사람도 없고 못난 사람도 없네
단 한 사람도 소중하지 않은 사람이 어디 있으며
하찮은 사람은 또 그 어디에 있다는 말인가

그는 자기의 어머니께도
그의 누이, 아내, 그가 소중히 여길 그의 딸에게도
그런 마음으로 "자연산"이라고 말할 수 있을까

마음이 아프다
왜, 그런 이를 나랏일을 하라고 맡겼는지
혹시 주인을 하찮게 여기는 망나니는 아닌 건지

이 나라엔 의인이 없나
부디 형제의 마음으로 권하노니
한적한 곳으로 가서 좀 쉬어 보시지.

눈이 내린다

아프냐?
참아야 한다
되돌아 보면 자신이 지어 놓은 일이다

슬프냐?
그 또한
스스로 지어 놓은 일이란다

괴로움도 노여움도 부질없다
내려놔라
모두다 스스로 지어 놓은 일이리니

생사도 마음의 지음이다
허물어 마음마저 내려놓을 수 있다면
생사마저도 사라져 버린다

눈이 내린다
온통 하얀 세상 되어 마음이 고요하여질 때까지
'내려놓는다.'라는 마음마저 내려놓아라.

더 큰 일은 없어

살다 보면 주체할 수 없는
감정에 붙들려 있을 때가
더러더러 있지

슬픈 일
노여운 일
기쁜 일
즐거운 일

모두가 다 스쳐 가는 바람
계곡에서 시내 강을 따라 바다로 흘러가는 물과 같고
유유히 흘러가는 구름
피고 지는 꽃과도 같더란다

하지만
형상을 지니고 있으니
몸뚱어리가 사라지는 일보다
더 큰 일은 없지

깊이 성찰해 보면
그조차도 덧없는 것
잠시 일어났다가
사라져 갈 그림자 같은 것일 뿐일세.

생의 바다

청정하고 고요한 바다 위에
어화둥둥 떠있기를 바라지 마오
그건 차라리 아픔이오

때로는 심하게 요동치며 흔들리고
부서지고 으깨지는 거친 파도가 있어야
수많은 생명 살게 한다오

흔들리는 파도에서 고요를
부서지는 파도에서 청정을 얻음이
참다운 고요요, 참다운 청정인 것을!

우리 생의 바다 위에
거친 파도 없기를 절대로 바라지 마오
그건 차라리 더 큰 아픔이라오.

너무 쉬운걸

바라는 게 무엇인지
너도 알고 나도 알고
그래서 너무 쉬운걸
행복해지고 싶다는 것
나 안에서 나를 들어내야 소망을 이루지
서로 사랑해야 하지

바라는 게 무엇인지
너도 알고 나도 알고
그래서 너무 쉬운걸
고통에서 벗어나고 싶은 것
나 안에 자비하신 님을 모셔야 하지
나를 내려놔야 하지

바라는 게 무엇인지
너도 알고 나도 알고
그러니 너무 쉬워서
너도나도 하찮게 여기는 게여
고통에서 벗어나고
행복으로 이르는 아주 가까운 길.

제2부

초월初月

호반湖畔

초저녁부터 새벽녘까지
울어 우는 소쩍새야

그 무슨 사연 이길래?
온 밤을 울어 새우느냐

고요한 호수엔
물 주름이 지고

겹겹이 겹쳐진 산마루 위로
황금빛 해 솟아올라

어머니 젖빛 같은
물안개 걷어 올리고

물 주름 위로는
금빛 비단을 널어 놓는다.

참 좋기도 해라

밤새워 내리는 장맛비
온 세상을 깨끗이도 씻긴다

싱그런 봉제산 숲 속을
흠뻑 적셔 놓았네

계곡을 따라 산으로 오르는 발걸음
상큼함으로 사뿐 사뿐하고

숲 속 지키는 새들의 고운 울음
느릿느릿한데

잎사귀에 앉아 쉬던 맑은 물방울
툭툭 몸을 내려놓는 소리

오늘을 살아야 하는 나는
참 좋고도 좋아라.

그대 그리고 나

그대의 이슬 같은
눈동자엔 하늘을 담고

그대의 고운 미소는
우리의 어머니를 닮으니

나는 그대의
하늘 담은 눈동자랑

우리의 어머니를 닮은
고운 미소를 끌어안고

그대 그리고 나
둘이서 하나일 때

노란 달빛은 살포시 내려와
두 마음을 노랗게 물들입니다.

거리의 천사

진눈깨비 내린 이른 아침
서울시의회 앞마당 길
거친 밤을 어떻게 지새웠을까

옆구리엔 포장용 각지가 끼워져 있고
걸음걸이는 묵직하다
얼굴은 차라리 흑 빛깔이고

어디서 아침을 이었는지
가는 나뭇가지를 꺾어
이빨을 쑤셔 댄다

터덜터덜 걸어가고 있는데
도대체 무슨 볼일이며
어디를 향하여 가는 걸까.

살아 있으니

흔들리는 것들은
모두다 살아 있는 것들입니다

다시는 올 것 같지 않은 봄을 눈앞에 두고
얼고 트는 시린 겨울이어도 흔들리기는 마찬가지입니다

훈풍 불어와 단단히 얼었던 땅을 녹이고
가르고 터진 틈새로 꿀 같은 물 스미니

여리고 부드러운 새싹이
땅을 비집고 솟아올랐습니다

찬이슬 찬바람
때론 살가운 바람도 맞으며 훌쩍 자랐지요

빛고운 날도 흐린 날도 있었건만
줄곧 흔들리면서 꽃피고 열매 맺었습니다

내내 흔들리다가
그리 멀지 않은 날 사라져 갈지언정

흔들리지 않는 것은
이미 이 세상엔 흔적마저도 없습니다

살이 트고 찢어지는 아픔으로 흔들려도
그건 살아 있기 때문입니다

흔들리는 것은
모두다 살아 있음입니다.

열 명의 목동

목동들이 모여서 노래를 합니다
그중에 한 명의 화음이 잘 맞질 않습니다
자신에 차 있는듯하지만
자세히 보니 잔뜩 겁에 질려 있습니다

아홉 명의 목동들은
고삐를 달은 말을 풀밭에 매어 놓고
아버지가 심어 놓으신
나무그늘에서 쉬고 있습니다

참으로 더운 여름날인데
나무 그늘 밖을 빙빙 도는 한 명의 목동이 안타깝습니다
잃어버린 말을 아직도 찾지 못한듯합니다
모두 걱정스러운 눈빛입니다

곁에서 조용히 지켜보시는
아버지도 비지땀을 흘리고 계십니다
그러니 아홉 명의 목동들은 아직은 노래할 때가 아니라 여깁니다
한 명의 목동이 말을 찾아 고삐를 달을 때까지 말입니다

수십이 넘도록 말을 찾지 못한 목동은
참 고단하고 갈증으로 가득한 삶입니다
목동들의 서로 위로하며 사랑하는 마음은
아버지가 보시기에 참 좋은 모습입니다

아버지의 소망은
열 명의 목동 모두가
잘 길든 말을 타고 풀피리도 불면서
여유롭게 부르는 화음이 잘 맞는 노랫소리를 듣는 것입니다

함께 아우른 목동들의 마음이 하나같이 간절하니
모든 걸 다 환히 보시고 알고 계시는
아버지가 바램을 이루시고
기뻐하실 날이 머지않은듯합니다.

그래

분에 넘치도록 하려 말고
분에 넘치는 일을 삼가며

맛없는 것을 맛보고
맛있는 것만 찾지 말라

적은 것을 많은 듯이 여기고
작은 것은 큰 듯이 여기며

미운 이를 사랑으로 대해 주고
남의 잘못은 내 탓이려니, 하고 크게 용서하여 주어라

힘든 일은 쉬울 적에 처리하고
큰일은 그것이 작을 적에 해결하라

힘든 일은 쉬운 데서 생겨나고
큰일은 반드시 작은 일에서 비롯된다

큰일을 탐하지 않으니
큰일을 성취하게 되고

쉽게 얻는 것은 쉽게 사라져 간다
더불어 쉬운 일을 어렵게 여기니 어려운 일이 없다

순리를 따라서 가니 막힘도 없다
그러니 항상 고요하고 편안하다.

집으로 가는 길

정한 인연 따라왔다가
정한 인연 따라가오
그러니
소풍처럼 즐거워 갈 일이요

그대와 내가 가는 길
넓은 길
밝은 길
꽃피어 향기 짙은 길

여보시오
그대 시방 길을 잃었소
좁은 길이요
어둔 길이요

완고한 마음 내려놓으소
그대 뜻대로만 하려 마소
하늘의 뜻 아니면 이룰 수도 없고
하늘이 인도하는 길 아니면 갈 수도 없소

정한 길 따라왔다가
정한 길 따라가오
그러니
희로애락喜怒哀樂 덧없소

그대와 내가 가는 길 소풍 길
어화둥둥 손잡고 놀다가
해 저물어 고운 어둠 내리면
집으로 돌아가야 하는 길.

새벽

검게 멀었던 동녘이
환하게 트이고 있습니다
내 품 안으로 새벽이 안기고 있습니다

시방 내게로 온 새벽은
내 생애 처음이요
마지막처럼입니다

동녘은 붉게 타오르며
점점 밝아 오고
하늘은 푸른 채로 높기만 합니다

오! 아름다운 선물입니다
한없는 기쁨입니다
끝없는 사랑입니다.

잃어버린 밤

잠을 자다가 잠 깨니
밤은 깊어 사경四更을 지난다

추석 망월望月 넘어가는 달
일그러져 있고

기다리는 새벽 쉬이 올 것 같지 않으니
사경四更에 걸린 밤은 길기만 한데

눈은 시려
껌뻑 껌뻑이고 있다

풀벌레 울음 청량淸亮하게 들려오니
가을은 깊어가고 있나 보다

천지天地가 잠들은 지금
왜 그대는 밤을 잃으려 하는가

근심을 지녔거든, 내려놓고
가는 밤이나 붙드시구려

밝아오는 새날은
일생一生의 처음이오, 마지막 날 될 터이니.

나의 몸

사랑으로 가득 채우면
아름답기에는 꽃보다도 더하고
향기로는 영겁永劫을 두고 흐를러라

교만驕慢과 삼 악三惡으로 가득하면
한낱 냄새나 새는 가죽 포대
천박賤薄하기에는 어디에 비기리오

너 나의 어린 시절
천진天眞스러움으로 눈보다도 더 희었을 적에는
아쉬울 것도 두려울 것도 없었다오

일생一生을 두고 많은 것 얻으려 애쓰련만
일생一生을 두고 꼭 필요必要한 것은
단 한 가지뿐 일러라.

세월歲月

질곡桎梏을 따라 흘러 흘러
시내를 이루고 시내를 모아
큰 강물로 흘러서 고해苦海로 가네

빛으로 바람으로 조화造化를 이루어
구름 되어 흐르다가 산천山川에 다다르니
돌고 돌아가네

그러니 가는 것도 허상虛像이오
역시 오는 것도 허상虛像일세
돌고 돌아갈 뿐이네.

발자국

그랬었구나!
철없이 허둥지둥 살아온 세월
열이 여섯 고개 눈앞으로 보인다

끝도 없이 한도 없이 졸라 대는 허욕虛慾
흔적도 없이 사라져 버릴 물건

죽을 힘을 다해서 지켜온 것들
고작 그걸 위하여 정신없이 살았구나

지난 일 중 목말라했던 것은 무엇이며
행복했던 것은 무엇이냐

그랬었구나!
어리석고도 측은하게 살아왔었구나

잘 산다는 게 무엇이더냐
한 생보다도 더 오래 머무는 것은
무엇이라는 말이더냐.

초월初月

초사흘 날
노을이 지고 간 자리

내 엄니 젖무덤 닮은 산마루
초월이 떠서 놀고 있네

하늘엔
둘 셋 별들이 총총히 일어선다

초사흘 달
'잰 며느리라야 본다.' 하지

보고 또 봐도 질리지 않고
보면 볼수록 마음 붙들어 간다

흐릿한 어둠 짙어질수록
내 넋은 네게로 가고

흐르는 건 산천이며
나는 집으로 간다.

탓 마라

세상이 어지러운 건
'너' 때문이 아니고
바로 '나' 때문이란다
무섭고 두려운 것도 '나' 때문이고
아픈 것도 '나'가 있으니 그런 거란다

더 늦기 전에 아버지가 내민 손 꼭 붙잡아라
그리고 아버지 품으로 포근히 안겨라

집 나간 불효자식
한량없이 기다리시고 또 기다리신다
방황하는 네 곁에 천사 부쳐 두고
보고 듣고 계신다
조건없는 사랑 비처럼 내리신다

세상의 어지러운 일 두고
'너' 때문이라고 생각하지 말라
두려워하지 말라
아프지도 말라
모두가 다 '나' 때문이란다.

서로 다르니 좋아라

내 생각만 옳다고
집착하거나 고집하지 말아야지
서로 다른 것은
창조하시는 하늘의 깊고도 깊은 사랑

빛은 어둠으로 밝고
큰 것은 작은 것으로부터 분별이 되며
깨끗한 것은 더러움으로부터 생겨나니
참 조화롭지 않은가

형형색색形形色色
백인백색百人百色
서로 다르니 조화롭고 아름답지 않은가
서로 다른 것을 고마워해야지

수많은 날이 다르고
세상에는 만물이 있건만 똑같은 것은 없네
세상에는 만사가 있건만 똑같은 일은 없네
그러니 살만한 세상이네.

허허 둥둥

어제는 스치고 지나가 버린
영영 내 곁으로는 다시 돌아올 수 없는 바람
기쁨 영광 슬픔 노여움
매달린들 무슨 소용이 있나

내일은 올지도 모르고
아직 오지도 않았으니
설렘 근심 걱정 두려움은
상상으로 지어낸 세상엔 없는 허깨비들

더 많이 고마워하고
더 많이 나누고
더 많이 사랑하고
더 큰 가슴으로 살아야지

오늘은 내 삶의 영원한 오늘
이 순간이 내게는 영원한 순간
지나가 버린 바람에는 절대로 마음 두지 않으리
이대로 허허 둥둥 살리라.

새벽을 기다리네

창가를 지키고 앉아
힐끔힐끔 동녘을 바라다봅니다

아직은 미명이라

깊은 어둠은 자리를 틀어
온 세상을 까맣게 덮어 놓은 채로

죽은 듯이

고요한 걸 보니
그리 멀리 있지는 아는듯한데

눈 감으면

눈을 감으면
들숨 날숨소리만 들립니다

눈을 뜨면

근거 없는 망상들이 맑은 호수 위에
쉬이 삭혀지지 않을 검불처럼 둥둥 떠다닙니다.

생각해 보니 그렇다

생각해 보니 그렇다

긴 것은 짧은 것으로 인하고
높은 것은 낮은 것으로 인하며
큰 것은 작은 것으로부터 인한다

생각해 보니 그렇다

부한 것은 가난한 것으로 인하고
귀한 것은 천한 것으로 인하며
행복은 고통으로부터 인한다

생각해 보니 그렇다

치우쳐 자랑할 일도
치우쳐 부러워할 일도
기뻐할 일도 슬퍼할 일도 아닌듯싶다.

둘레길

삼각산
언저리 한 바퀴
돌고 돌아가는 길

사뿐사뿐
밟히는 흙은
부드러운 내 어머니 젖 가슴

계곡 따라 흐르는 물도 좋고
가랑잎 흔들어 깨우는 바람도
노랗게 부서져 내리는 햇빛도 참말 좋아라

지지고 볶고 사느라
이리저리 할퀴고 찢긴 몸과 마음
고들고들 아문다

사노라 아프거든
사노라 얽히거든
주저 말고 언제든 오라 한다.

고향 생각

눈을 감으니 보인다
해 서산을 뉘엿뉘엿 넘으니
각시 재 왕소나무 뒤로 노을이 붉게 탄다

눈을 감으니 들린다
큰 등짐을 지고 집으로 드는 순이 아버지 헛기침 소리에
옆집 개 반가워 짖어대는 소리 컹컹

눈을 감으니 보인다
집집이 굴뚝에는
저녁 짓고 사그라져 가는 하얀 연기

눈을 감으니 생각난다
벌건 화로에 시린 손 녹이는 아이
저녁상 받기도 전에 꾸벅꾸벅 지친 졸음 잔다

눈 감으니 보인다
하늘에는 촘촘히 빛나는 별들이 깜빡깜빡 거리고
낮게 뜬 노란 반달이 시리다

안산엔 시꺼먼 어둠이 나무 사이에 박히고
마른 풀잎 사이로 들쥐들의 바쁜 걸음
바스락바스락 부서진다

방으로 들은 식구들 군불 닿은 이불 속에 발 넣고
하루를 살은 얘기 도란도란 대는데
어설피 잠든 아이가 듣고 있다

눈을 감으니 보인다
함박눈 소복이 내리는 겨울밤이 깊어 간다
긴긴 겨울밤이 포근히 잠이 든다.

그럽디다(옮긴 글)

"나이가 들고 병들어 누우니
잘난 사람 못난 사람
너 나 할 것 없이 남의 손 빌려 하루하루 살더이다
그래도 살아 있으니 남의 손에 끼니를 이어가며
똥 오줌도 남의 손에 맡기게 되는구려!
한 시절 당당하던 그 기세 허망하고 허망합디다!
내 형제 내 식구가 제일인 것처럼 하지 마소
나보다 못 하다고 남을 업신여기지도 마시구려
나보다 못난듯하고 업신여겼던 그들이
나와 피 한 방울 섞기지 않은 바로 그들이
어쩌면 그토록 밝은 얼굴로
나 먹는 것 싸는 것 잘도 돌보고 치우며
마음까지도 더불어 평화롭게 하더이다
아들 낳아 진자리 마른자리 가려 가며
정성으로 키우면서 분신인 줄만 알았소
사춘기가 되니 남남이고
대학에 가니 사촌이더이다
군대에 가니 손님이요
군 복무 끝내고 집에 오니 팔촌이더이다
장가가니 사돈 되고
이민 가니 재외동포요

항간에 떠도는 얘기로는
'딸 둘에 아들 하나면 금메달
딸만 둘이면 은메달
딸 하나 아들 하나면 동메달 되고
아들이 둘이면 목 메달'이라 하더이다
장가간 아들은 희미한 옛사랑의 그림자 되고
며느리는 가까이하기엔 너무 먼 당신이요
딸은 아직도 그대는 내 사랑이구려
자식 모두 출가시켜 놓으니
아들은 큰 도둑놈이요
며느리는 좀도둑
딸은 예쁜 도둑이더이다
한 생의 끄트머리서 돌아다 보는 늙은이의 푸념이 한스러울
뿐이구려."
기대지 마소
기대지 마소.

※ 이 글은 요양원에서 임종에 가까운 할머니가 회한으로 쓴 글이랍니다.

청춘

곱다! 고 자랑 마라
고운 것만으로는 청춘이 아니다
푸르다고 자랑 마라
푸른 것만으로도 청춘은 아니다

곱고 푸른 것은 잠시 생겨났다가
시들어 떨어지는 꽃이요
물들어 단풍이 되고 떨어져서
바람 따라 뒹구는 낙엽과 같더란다

젊은 나무에 꽃이 곱게 피어나고
잎사귀 푸르게 돋아나지만
늙은 나무에도 꽃은 곱게 피어나고
잎사귀도 푸르게 돋아난단다

청춘은 형상이 아니란다
그러니 모양으로 분별하지 말라
오직 이글거리며 타오르는 열정이요
순간을 살지라도 식지 않는 뜨거운 가슴이란다

그대여!
열정으로 살아가는 한
뜨거운 가슴으로 살아가는 한
그대의 푸르고 고운 청춘은 끝나지 않는다.

섣달그믐 정월 초하루

고마워해야지!
잠에서 깨어나거든
무조건 감사해야지!

잠을 깨어 걱정 근심을 마음에 두고
아직 오지 않은 내일로 두려움에 휘감겨 있다면
그건 내 뜻대로 하려는 마음이지

세상을 다시 만나는 것은
하늘이 내려 주시는 큰 사랑이네
이 순간을 만나지 못하고 떠나가야 하는 슬픈 운명도 있으려니

가령, 슬픈 운명을 지니고 떠나간다 한 들
그 또한 감사해야지!
누렸던 삶 모두가 하늘의 사랑이었으리니

오늘은 마지막이라 정한 섣달 그믐날
이날이 바람처럼 지나가고 나면
내일은 새날이라고 정한 정월 초하룻날

고마워해야지!
자나 깨나 감사해야 하는 것은
지극히 마땅한 일이네.

어린이

어린이는
화창한 봄날
곱게 피어나는 봄꽃이어라

어린이는
한 여름날
싱그러운 푸름일러라

어린이는
맑은 가을날
높고도 깊은 파란 하늘이어라

어린이는
깊어가는 겨울밤
소리 없이 내리는 하얀 함박눈.

말하지 않아도

말을 주저리주저리 늘어놓으면
대개 자기 자신을 속이는 일일러라

말을 많이 하는 것으로서는
자기의 뜻하는 바를 이루기도 어렵고

입 밖으로 쏟아낸
수많은 말이 유령처럼 세상을 빙빙 떠돌며

이웃을
기쁘게도 평화롭게 하지도 못하네

진실은 말하지 않아도
보석처럼 영롱하게 빛을 내는데.

살아 있는 여정

빛과 어둠의 조화
하늘로 올라 합해져 뭉개지고
바람 따라 흐르고 흘러
어디쯤인가
이슬이 되어 맺히고
비가 되어 내린다
계곡을 따라 흐르며
부딪쳐서 깨어지고
미끄러지고
인고의 여정으로 흘러 시내를 이룬다
굽이굽이 흘러서 강물이 되고
소리 없이 흘러서 바다에 이르니
쉼 없이 흔들리는 파도, 파도.

일생 죄인

더 많이 배운 것이 죄
더 많이 가진 것이 죄
더 많이 먹는 것이 죄
서로 나누지 않는 것은 더욱 큰 죄

생각 없이 종이컵에 담긴 음료를 먹고 있을 때
무분별한 벌목으로 아마존 강은 황폐해져 가네
생태의 균형은 무너지고 사막화되어 농토가 사라져 가니
아프리카의 어린이들이 굶어 죽어 간다

한겨울 따뜻한 곳에서 포근히 잠들어 있을 때
여름날 에어컨 속에서 땀을 식히고 있을 때
극지의 빙산이 녹고 해수면은 올라가니
지구촌 어디선가 홍수로 사람들이 죽어 간다

배불리 먹고 마시고 넘쳐나는 음식물 쓰레기
지구의 오염을 근심하며
살을 빼느라 애쓰고 있을 때
동토를 탈출한 난민들은 허기진 배를 붙들고 죽어간다

우리가 누리는 편의 그리고 무감각 무관심
순리를 져버리고 억지를 부리는 이기심이
장마에 풀 자라나듯 하니
여린 생명이, 그토록 귀한 생명이 죽어간다.

알기나 아니

하늘에 달이 뜨는지
까만 밤 은하수엔 별들이 뜨는지
동녘엔 해가 솟는지

도대체 알기나 아니?

잠시 좀 쉬었다가 가보자

몸속에 흐르는 피가 맑아지고
완고한 마음이 부드러워지도록

달 뜨거든 달빛에
맑은 마음 노랗게 물들이고

별이 뜨거든 몇 개만 내려다가
가슴에 달아보자

아침이 되면 해가 솟는 것이
큰 기쁨이 될 테니.

가족

하늘에서 주신
성능 좋은 악기가 연주되는 소리
맑은소리
곱고도 고운 소리

참 복되네요
형제가 서로 화목하고 사랑하니
효성스러움으로
늙은 부모가 편안하시네요

참 기쁘네요
한 가정이 편안하니
이웃이 편안하고
온 나라가 안정을 이루네요.

제3부

결실結實

노란 꽃길

두 손 공손히 모으고
어둠이 무릎을 꿇었다

촛불을 들어 노란 꽃 곱게 피워 놓은
꽃길을 따라
그 샛길을 걷는 이들
순한 얼굴엔 눈물이 가득히 배이고

다소곳이 꽃을 든 이들은
꽃보다도 더 아름답다
두텁게 가려진 창 밖으로는
빗방울 떨어지는 소리

사납게 쏟아져 내리는
빗속을 뚫고
칠흑 같은 어둠을 헤치고
여기 님이 오셨나 보다

짊어졌던 무거운 짐 훌훌 내려놓고
늘 짓눌리던 두려움의 옷 훌쩍 벗어 던져 놓고

님의 넓은 등에 업혀
천사들이 노래하는
노란 꽃 샛길을 눈물이 범벅인 채
쉬어 가려고 님의 집으로 간다

숲으로 오라

초록빛 진해져 오는
오월의 숲은 여리어 흠 없는 참 기쁨이다
아픔을 기다리다가 벌떡 일어나고
인내忍耐로 고와지고 무성해져
상큼함으로 눈이 활짝 열리는 이곳
숲으로 오라
이 고운 숲으로 오라

하늘은 깊은 물 빛깔을 닮아 쏟아져 내릴 것만 같다
사랑이 가득히 담겨 가슴이 부풀어 터져
간드러진 새들의 울음소리에 잠이 깨이고
동녘에서 말갛게 솟는 해는
안개로 뽀얀 숲 속을
금실을 짜서 곱게도 널어 놓는다

밤을 새워 걸어온
작은 바람이 이야기보따리를 풀어놓으면
살그락 거리며 자지러지는
이파리들의 밝은 웃음소리
수줍은 처녀를 닮은 볼 붉은 꽃들의 웃음소리

숲으로 오라
네가 번거로워하는 것들이 지워지고
몸뚱어리에 찌들어 붙은 때들이 씻기어 깨끗해지리니
동녘을 틔우며 평화로움으로 하루를 열어젖히는 이곳
아이야! 너와 숲은 둘로 나뉜 것이 아니어라
너는 여기 고요함으로 가득한 숲 속에 있을 터인즉
이토록 고운 오월의 숲으로 와 보라.

결실結實

그토록
시린 날들을
견뎌 내더니

지난 봄날엔
꽃 피고
새 울더니

주렁주렁 달렸구나
탱탱한
열매 맺었구나

물 한 주름에 갈증 풀고
바람 한 자락에 몸 다리고
빛 한 모금으로 익어 간다

오직
나我가 아닌 너를 위하는
열매가 익어 간다.

꽃 하나 피어

꽃 피어 곱다고
자랑 마라
꽃 질 날 멀지 않단다
꽃 지는 날
향도 따라 흩어지리니

푸르다고
자랑 마라
어느새 누렁잎 지고
곱던 형상은 허물어져
흔적없이 사라져 간다

그대여!
꽃보다 더 고운 몸이라
자랑 마라
언 몸으로 쉬어가는 나그네
그 몸 살라 따뜻한 불이나 되어라

꽃 피어 곱다고
자랑 마라
꽃 질 날 멀지 않단다
꽃 지는 날
향도 따라 흩어지리라.

말이 날개를 달고

만들어 놓은 말
마디 마디마다 날개가 달렸다

고운 말은 고요히 날며
고운 새처럼 예쁘건만

미운 말은
왜, 날 자꾸 아프게 하지

차라리 말을 만들지 말고
빙그레 웃는 웃음으로 답하고 말 걸

미운 말들이 도로 날아와
가슴팍을 아프게 쪼아 댄다

고운 말씨를 뿌려
고운 싹을 틔우고

고운 말 꽃들이 곱게 피어난
고운 말 꽃향기 속에 살면 참 좋겠다.

매미

아직은
어둠이 채 가시지도 않은 새벽인데
매미 한 마리가 정신없이 울어 댄다

가는 여름을 아쉬워함이냐
아니면 너도 나처럼
무더위에 지쳐 잠을 설치고 있는 게냐

하지만 가야만 오는 것이 있고
여름은 더워야만 하는
이유를 가진 만물萬物이 있으니

아쉬워도 내려놓고
또 참아야 하지 않겠느냐
순리順理로 보면 네겐 참 좋은 시절이란다.

풀뿌리

된바람으로
꽁꽁 얼려 놓은 들녘

시절을 앞서지도 뒤서지도 않고
때를 기다려 일어선다

푸른 초원 이뤄
온갖 작은 생명의 쉼터 돼주고

바람이 불면
바람이 부는 대로

비 내리는 날엔
온몸으로 비를 맞으며 눕는다

지극히 낮추어진 몸짓
분별은 없되 탐하지 않은 자리

하찮아도 꽃피지 않는 풀은 없더라
꽃피어 지니는 그윽한 향기

그 무엇과도 맞서지 않는 부드러움
누가 풀잎 더러 '연약하다.' 한다더냐

세월을 안고 뒹굴다가 누렁잎 지고
한순간 찬바람에 말라 죽어도

서걱거리는 건 바람일러라
흐르는 건 구름일러라

다만 때를 기다릴 뿐
풀뿌리는 사라지지 않는단다.

노인의 꽃밭

산마루
날마다 사람들이 올라 세속의 흠을 털며
타작마당 마냥 단단히 다져 놓은 자리

비가 흠뻑 내리는 날
팔십을 훌쩍 넘긴 노인이
호미를 들고 와 다져진 땅을 일군다

가을이면 씨를 거두고
겨울이면 씨를 가려 고이 두었다가
봄이 오면 씨를 뿌리고

그리고서는 집 근처에서
일 년 내내 준비한 꽃모종을 뽑아다가
빈자리에 꽃밭을 가꾼다

원인을 여쭈니
"늙어버린 내가 기운이 머무는 동안
누군가를 위해 할 수 있는 일이라고는 이 일이어서"

노인이 만들어 놓으신 꽃밭은
저기랑
여기뿐만은 아닌듯싶다.

바람

산 언저리
호젓한 오솔길
바람이 한판 놀다가 간 자리

늙은 풀냄새 짙고
아카시아 몸 내가
콧속을 휘젓는다

놀다간 바람이
쓸쓸한 자취를 남겼고
콧속 휘젓는 냄새 가을 향이로구나

어제인 듯
그제인 듯
한 세월 또 접는구나.

혼인婚姻 날

아이가 커서
생전 보지도 듣지도 못했던 새사람을
어느 날 갑자기 만나
신랑 각시로 삼고 혼인을 합니다

아마도 하늘은 이미 정해 두시고
고이 살피시며 바라 보고 계셨겠지요
한 치 앞을 모르는 우리네 눈으로 보기엔
참 기쁘고 아름다운 기적입니다

둘이서 하나 되는 이 순간
우리는 모두 감사한 마음뿐입니다
마련해 주신 조각배를 타고
큰 바다를 둥둥 떠서 가겠지만 무섭지도 않을 겁니다

때론 들로 산으로
물을 건너고 고개를 넘고
힘이 들면 쉬엄쉬엄 가겠지만
둘이라면 힘들지도 않을 겁니다

얘네는 멀리멀리
들로 산으로 바다로 소풍을 나섭니다
그리고서는 다소곳이
뜻 따라 길 따라갑니다.

가을 소리

나지막한 산을 동무로 삼아
오르내리는 곱게 늙으신 할머니
마음도 따라 곱다

장맛비로 흠뻑 젖은 검은 땅
붉게 익은 올 도토리 하나 주워
이른 가을이랑 함께 몸빼 주머니에 집어넣는다

주름진 살갗 만지작거리는
바람이 심술을 담고
할머니 가슴에선 가을바람이 분다

싱그럽고 짙푸른 나뭇잎들은
가을 채비를 서두르니
가을이 온 것을 벌써 알고 있었구나

흘러가는 구름으로
조각난 하늘이 높고
푸른 건 호수를 빼닮았다

나무그늘 지키는 매미 울음은 가늘어졌고
새벽을 열고 하루를 아무리는
귀뚜리 울음만 청량하구나.

한 송이 백합으로

하얗게 핀 백합꽃 한 송이
눈부시게 아름답소
향기도 따라 짙구려

님이 가꾸시는 꽃밭으로
육신은 상자 안에 편안히 누이고
영혼은 한 송이 하얀 백합으로 피어 걸어 든다

그 꽃 피우느라
가르고 터지는 아픔도
"고맙다," 했다지요!

온갖 꽃들이 흐느끼며 흐르는 눈물
맑은 이슬방울이 되어
꽃 속으로 촉촉이 스미는데

가슴으로 이루어 놓은 사랑
남겨 놓은 흔적들이 곱고도
향기롭소

헌 누더기 벗어 버린 영혼

오! 자유로워라, 얼씨구 절씨구
훌훌 털고 집으로 돌아가는 길

차마 꿈속에서 기다리고 기다리던 님의 품이 아니오
새 옷으로 곱게 갈아입고
이제는 포근히 안기시구려.

대나무

속이 없는 놈이니
대적하자는 놈이 없지
그 숲에 벌레 끼어드는 것 보았나

욕심부리지 않고
적절한 거리마다 매듭을 지어두니
쉬이 부러지지도 않지

뿌리부터 서로 설키고 얽어매어
단단히 박아두니
태풍이 와도 끄떡없지

엊그제 지나간 강풍에
뿌리 깊지 않은 나무 뽑히고 부러졌어도
너만은 멀쩡하더라

그 숲에 바람이 들어
살그락 거리는 소리는
소통하며 사랑을 나누는 게고

사철 푸른 모습은
의로움을 지키며 살아가는
의인義人의 모습이라더란다.

행복해서 참 좋은 날

행색이 보잘것없다고
가진 것이 없어 보인다고
불쌍히 여기질 랑 마오
업신여기지도 마오

밤하늘의 달도
촘촘히 빛나는 별들도
천지를 환히 밝히는 따사로운 태양도
나를 위해 있고

온 산과 들과
강과 바다에
내 마음 기쁨으로 뛰노나니
이보다 더 좋을 수는 없소

내 마음은 파란 하늘
고운 정이 강물처럼 흐르고
노래가 있고
모래알보다도 많은 보석으로 가득 하다오

잠시 맺혔다가 스러져가는
이슬방울은 하늘과 땅을 다 담고도 남는다오
내게도 넓은 마음 파란 마음 있으니
날마다 행복해서 참 좋은 날.

가을

하늘이 파라니
구름이 하얗게 뭉개져서 흘러가니
들녘이 노랗게 물들어 가니
고추밭에 탐스러운 고추가 빨갛게 익어 가니
서녘에 노을이 고우니
가을이란다

푸른 잎은 누렁잎 되고
꽃 진자리엔 열매 익어 가고
찬 서리에 나뭇잎은 곱게 물들어 가고
풀 벌레 울음 청량淸亮하고
어린아이 웃음소리 하늘 높이 오르고
가을이란다

노란 햇살이 따사로우니
은하수별들 영롱하게 빛나니
둥근 달 휘영청 밝으니
배부른 들짐승 날짐승 너그러워지니
계곡 따라 흐르는 물 맑아지니
가을이란다.

우리는 하나다

조상祖上의 얼 뵈러 간다
사당祠堂 지어 기리는 뿌리 깊은 나무
경향각처京鄕各處서 모인 수백의 후손後孫

모두가 예禮를 갖추고 제례祭禮를 올린다
너 나의 가슴마다 얼 젖어들고
우리는 남이 아니다
한 뿌리 큰 밑동서 일어선 큰 나뭇가지다

영취산 기슭 터 잡고 좌정座定하시던 얼
자비慈悲롭고
의義로우셨으니
시대의 당당했던 유림儒林의 기운마저 숨을 멈추었다

매울 신辛자 하나로 우리는 모두 하나다
우리는 남이 아니다
우리는 사랑으로 똘똘 뭉치자.

해바라기

싹 틔워 여린 풀잎
어느새 훌쩍 자라나 큰 키로 서서
노란 얼굴 보이 더니 해를 쫓는구나

어둠 속에서 동트기를 기다리고 기다리다가
솟는 해를 따라 같이 솟고
돌아가는 해를 따라 돌고 돈다

점점 커지는 눈망울 붉게 짓무르고
끝내는 까맣게 멀고 말았네
일생을 바쳐 바라본들 다다를 수 없는 허망虛妄

맑은 햇살 쏟아져 내리는 깊어 가는 가을날
운명運命처럼 댕강 잘린 모가지
새끼줄에 묶여 추녀 자락에 대롱 걸렸네.

가을의 초상肖像

쏟아져 내릴듯한 하늘엔
하얀 구름 조각들이 둥둥 떠가네

살갗에 닿는 바람 시리고
가슴속 휘돌아 나가는 바람은 쓸쓸하구나

아직은 놀던 푸른빛 선연鮮然하니
한참은 더 머무르고 싶은 이파리들

잰 듯이 오고 가는 산허리 밤기운에
몸 사리는 이파리들 푸른빛으로 말라가는데

담 타고 오른 담쟁이는 쓰다 남은 것 되돌려 놓고
갈 때를 알아 곱게 물이 들었네

오고 갈 때를 알아 오고 감이
저리도 눈부시도록 아름다운가

기다릴 줄도 용서할 줄도 모르는
무정無情한 세월이여.

정자나무

고향 집 동네 어귀
자리 틀고 앉은 고목
백 년을 여섯 번이나 훌쩍 넘겨 놓고도
넉넉한 모습은 그대로인데
가까이 들여다보니 속이 텅 비었구나

밑동 큰 그 속 시커멓게 타버렸으니
한 세월 한 움큼씩 비웠으리
사나운 비바람 지날 땐
애써 키운 가지 찢기고 부러졌어도
또 한 백 년을 셈하고 있구나

내 할아버지 할머니 살다 가신 얘기
내 아버지랑 어머니 살다 가신 얘기
내가 생겨났고 뛰어놀던 어린 시절
모두 다 알고 있을 아주 오랜 늙은 나무
날 더러 "잘 사느냐?"라고 가끔 안부를 묻는다

내가 한 세월 살다가
지친 몸과 마음 내려놓으면 다시 올 고향
늙은 나무 그늘에서
막걸리 사발 부딪치며 벌컥벌컥 마른 목축이고
지나온 옛이야기 들으리라.

희망 나무

어제와 같은 오늘
오늘과 같은 내일
밤과 낮 그리고 수많은 일상
왜, 똑같다고 생각하지

근거 없는 걱정과 근심
상상으로 지어내는 고통
아픔으로 점철點綴하는 소중한 순간들
본래 내 것이 아닌 것들인데

하늘로부터 거저 얻은
몸을 비롯한 수많은 것들
사랑과 자유 그리고 평화
서로 나눔으로서 얻어질 기쁨

믿음의 씨앗
희망으로 크는 나무
사랑의 열매
오가는 이가 쉬어 가는 큰 그늘.

낙엽

푸르던 날의
희망은 무엇이었더냐

곱게 물들어 길 위에 떨어져
찬바람에 뒹구는 낙엽의 고독하고도 가여운 울음소리

붙잡은 가지에서 내려놓을 때를
준비해야 하는 시간은 얼마가 필요한 걸까

언젠가는 다가올 그날
아무도 모르는 그날

언제까지 고운 꿈을 꾸고 살 수 있을까
언제까지 영원한 줄 믿고 살 수 있을까

오호라!
너나 나나 그날을 짊어지고 있지 않은가

거긴 캄캄한 어둠이요
깊고도 깊은 심연이라

늘 준비하고 살아야 하겠네
늘 주인께 맡겨 두고 살아야 하겠네

꼭 붙잡은 가지 내려놓을 그날
나풀나풀 춤을 추며 떨어져 내릴 그날

어젠가는 낙엽이 되어 흙으로 되돌아가겠지
저 푸른 하늘로도 되돌아가겠지.

꽃 다리 건너서

꽃 다리에 가봤니
꽃 다리를 건너가면
꽃 지가 있어

시방 꽃 다리 위로는
파란 하늘에
뭉개진 하얀 구름이 두둥실 떠가고

지난 여름날엔
숱한 이야기들이 몰려와서
추억을 만지작 거리며 놀다가 들 갔지

지금 꽃 지엔
그토록 많은 이야기가 놀다간 흔적만이
덩그러니 남아 있단다

바다 위를 날던 고단한 갈매기 한 마리
물 위에 둥둥 몸을 맡겨 놓은 채
오늘을 살은 생각에 잠겨 있고

꽃 다리에는
겨울을 싣고 오는 찬바람이
볼때기를 스치고 지난다

꽃 다리
꽃 다리 건너서
꽃 지로 한번 가보려무나

거기엔 살가운 바람이랑 갈매기랑
그리고 너처럼 늘 외로운 섬들이
언제나 널 기다리고 반길 거란다.

시월은 가고

임을 기다린 듯이
고운 물 들여 놓더니
시린 가을비 한 자락으로
스치고 지나는 살랑이는 찬바람 한 점으로
우수수 몸을 내려놓은 낙엽들의 소망은 무엇이었나요
질겅질겅 밟고 가시라 합니다
녹아 버리고 사위어
푸른 잎으로 새로워 피어나리라 합니다
나무는 아낌없이 모두 다 버리고
가볍다 가볍다 합니다
웬만한 찬바람이 스치고 지나도
벌거벗은 나무는 미동도 없습니다
다만 내가 알 수 없는 소리로 윙윙 울고 있을 뿐입니다
시월은 다 비워 버린 채로 갔습니다
알 가지마다 잎눈이 몽실몽실 달리고
하대명년何待明年 봄을 기다리려나 봅니다
시월은 아픈 계절인가요
참아야 하는 계절인가요
푸른 하늘은 높고 햇빛은 참 고운 날
바람 따라 구르며
낙엽이 외롭게 우는 소리를 듣습니다

흔적도 없이 사라져갈
눈이 부시도록 고운 시월의 낙엽입니다
우리도 언젠가는 낙엽이 될 테지요
시월은 그렇게 가버렸습니다.

알몸나무

꿈속인양
봄 꽃잎 오 색 눈 되어 흩날리던 날
뽀송뽀송한 연둣빛 옷 곱게 차려입고
오신듯이
가신듯이

푸르던 날은 간데없네
한바탕 꿈일런가
흔적없이 사라져 갔네

이제는 다 벗어버린 알몸뚱이
새날이 오면 다시 피울 잎눈 꽃눈
몸 여린 가지가지마다
까만 별이 되어
촘촘히 걸려 있네.

민중民衆

스치고 지나는 바람이야
풀 이파리의 강함을 어이 알리

거친 비바람 사나운 태풍으로
통 큰 나무는 뿌리째 뽑히고
큰 가지 툭툭 부러지고
생 이파리 찢기고 떨어졌어도
낮은 자리 지키는 여린 풀 이파리는
멀쩡하더라

스치고 지나는 바람이야
풀 이파리의 부드러움을 어이 알리

태풍인들 어떠하리
바람이 불면 부는 대로 눕고
비가 오면 오는 대로
맞섬이 없이 오직 순리를 좇으며
갈 때가 되면 주저 없이 가나니
부드러운 것은 강한 것을 이기더라.

임이 오셨네

오셔요
어서 오셔요
임이 오시니
반갑고 기쁘고 고맙습니다

사랑받고 있음이
얼마나 행복한 일인지
사랑할 수 있다는 것이
얼마나 좋고도 감사한 일인지
사랑을 받고 사랑을 할 수 있으니 알겠습니다

사노라
뜻을 이루지 못해 먹지 같은 가슴이어도
사랑을 받고
사랑을 할 수가 있으니
빛이 드리워 밝고도 좋은 세상입니다

임이시여!
시방은 살아 있으니
꽃보다도 더 고운 여정입니다
꽃향기보다도 더 향기 짙은 여정입니다

아침이슬 곱게 머금고
밤새워 피어난 하얀 백합화보다도
더욱 고운 임이시여!
더욱 향기 짙은 임이시여!
그 모습 그대로 영원하시어요.

꿈나무 마을

하늘에서 내려 심으신 씨앗
천사의 돌봄으로 곱게 자라나는 꿈나무
이파리마다 영롱한 이슬이 달린다

봄 여름 가을 겨울 늘 푸른 나무
아름다운 향기
눈부신 꽃

살랑이는 바람결에
하느작거리며 흔들리는 이파리
쏟아져 내리는 고운 빛으로 반짝 반짝거린다

나 나 나
메리 크리스마스, 꼭두각시
하늘의 기쁨
캐럴메들리, 루젠의 합창
쌍 절 권 댄스
기쁜 크리스마스, 하나비 난타

흔드는 몸짓 노래하는 입 모양
한 점 흠 없어 바라보면 눈 시린 꽃이다
하늘이 심고 천사들이 가꾸는 고운 꿈나무 숲.

영원의 나我

나는 매이지 않았네
나는 이 몸뚱어리의 종從이 아니네
나는 이 몸이 내가 아니라는걸 알았네
나는 불멸의 나일 뿐

꽃을 좀 보라지
봄이오면 꽃은 피었다가 떨어지고
봄이 다시오면 또다시 피어나거니
돌고 돌 뿐이네

나는 영원한 나
나는 생겨난 일도 없었네
나는 사라져 버릴 일도 없다네
나는 돌고 돌 뿐이라네

어찌할 것인가!
영원의 나를 위해
지은 대로 얽히고 풀리니
이 순간은 영원한 순간인 것을!

제4부

진실眞實

부족지락不足至樂

오만傲慢하지 말아야지
베일 수도 있으니

침묵沈默은
앎으로 이루어지고

너그러움은
사랑 담긴 마음에서 생겨난단다

고요함은
한 치 앞을 모르는 길을 일러 주고

밝고 맑아야
복福이 일어난단다

애초에 다 채우지 않았으니
부족한 게 사람이고

서로 기대야 온전穩全해지거니
겸손謙遜한 마음으로 아끼고 섬겨야 한단다

시방 가진 것으로 만족할 줄 알고
서로 나누어 기쁨으로 삼아야

옹달샘처럼 솟아오르는
행복幸福의 물줄기가 마르지 않는단다.

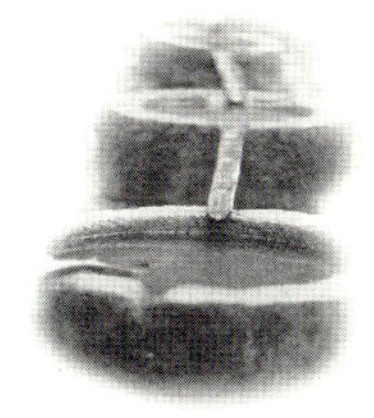

무지無知

나는 내가 얼마나
무지無知한지를 알았네
그러니
지금까지 살아온 세월 속에서
내가 얼마나
무례無禮 했었는지를 또 알았다네

무지無知하고 무례無禮한
나를 조건 없이 용서해 주시는 우리 아버지
가슴에 안기니 포근하네
이제는 무서움도 사라져 버렸고
온갖 번거로운 마음도
아침 안개처럼 사라져 버렸네

나는 이제야 알았네
내가 무지無知했을 때도
내가 무례無禮했을 때도
나의 아버지는
언제나
나와 함께 계셨었다는 것을

내가 살아 있는 날까지
아버지가 잡아 주신 자비로운 손
이제는 놓지 않으리
내 아버지의 뜻이 아니면
알 수도 없고 얻을 수도 없다는 것을
나는 알기 때문이라네.

나그네여

좋아서 하는 일이면
세상에는 도움이 되는지

미쳐서 살고
그냥 기뻐하며 즐겨라

세상이 알아주길 바라지 말고
노여워하지도 말라

하늘은 다 알고 있단다
뜻이 닿으면 빛나리라

재촉하지도 말라
나그네처럼 머물다 가리니

걸음걸음마다
고운 인정이나 남겨 두고 가라.

하루

하루를 살면서
단 한 번이라도 기쁨을 맛보고
감사感謝 기도祈禱를 올렸다면

잘 살은 날이요

사랑을 느끼고
사랑을 나눈 날도
그럴러라

만약, 아니라면
그날은
잃어버린 날이다.

이상한 재판裁判

의인義人이라 믿는 죄인罪人이 재판裁判을 한다
죄인罪人이라고 믿는 이의 눈망울을 보라

다소곳하고 겁怯에 질린 모녀母女의 가슴에
인정사정없이 큰 못을 쾅쾅 박아 댄다

이다음 생에 부모 형제의 인연因緣이 되어 생겨나면
민망憫妄하고 죄罪지은 마음을 어찌 씻어 내려는가

왜 그대의 가슴엔
차디찬 바람만 윙윙 돌고 돈단 말인가

주인이 내어준 권한으로
주인 행세를 하는 심하게 정신 나간 족속들이여

힘든 여정旅程에 성인聖人이 이르는 인간세상
제법諸法의 공空 함을 어찌 귀담지 않았단 말인가

남의 탓 말고, 나 하나 선善하면
온 세상이 선善해진다는 것을 믿어 보면 어떠하리.

사랑의 모양貌樣

온화溫和하게 바라볼 수 있는
눈이 있어요

너그럽게 들어줄
귀가 있어요

부드럽게 말해줄
입이 있어요

함께 하면서
조화調和를 이루고 있어요

세상을 위해 애써줄
손이 있어요

어려운 이웃을 위해 달려갈
발이 있어요

꽃보다 곱고 향기 짙은
마음이 있어요

하늘과 땅 사이에 그 무엇도
이 모양을 따를 수는 없네요.

물

"상선上善은 약수若水라."
"최고의 착함은 물과 같더라."
아주 먼 옛날 옛적에 노자老子가 깊이 생각했었지

온갖 만물萬物에
이로움을 주면서도
절대로 자랑하지 않더라

계곡溪谷을 따라 흐르며
몸은 산산이 부서지고 깨어지면서
옥수玉水 되고 맑아지더라

오직 낮은 곳으로만 흘러도 투정은 없고
어느 곳을 흘러가도
오르지 동同할 뿐 다툼은 없더라

발원發源인 계곡을 지난 물이
시내를 이루고 큰 강물이 되어도
고요히 흐를 뿐 뽐내지 않더라

어느새 바다에 닿아

한 몸을 이루더니
그 큼은 도무지 알 길이 없는데

하늘과 땅의 조화調和에 순응順應하여
구름 되어 흐르고 흐르다가
어느 곳엔가 내려 꽃잎의 단 이슬로 매치더라.

분별없는 세상

고통이라서 싫으냐
기쁨이어서 좋으냐

고통도 기쁨도 하늘이 지극한 사랑으로
내어 주시는 선물이란다

착한 것은 악한 중에 생겨나고
악한 것은 착한 중에 생겨난다

귀한 것은 천한 것으로 생겨나고
천한 것은 귀한 것으로 생겨난다

부자는 가난에서 생겨났고
가난은 부자에서 생겨났다

싫어할 일도 없고
좋아할 일도 없다

어린 시절의 순수함을 도로 찾으려무나
처음처럼 순수함을 지니려무나

순수하고 착한 모습이
본래 우리의 모습이었단다.

하늘과 세상

하늘은 남는 것을 덜어
부족한 곳을 채우건만

세상 사람들은 부족한 것을 빼앗아
차고 넘치는 자에게 채운다

하늘은 만물을 이롭게 하고도
자랑하지 않았고
공을 세우고도 공력을 탐하지 않았건만

세상 사람들은 더 앎으로도 교만하고
더 가짐으로도 크게 자랑하며
빼앗고도 부끄러워하지 않는구나.

기도

신이시여
아무것도 바라는 게 없게 하소서
다만 하루를 얻은 것으로
만족하고 감사하게 하소서
하루가 일생임을 알기 때문입니다

자식들에게도
아무것도 바라는 게 없게 하소서
다만 하루를 살아가는 그들이
열정과 감사를 잃지만 않게 하소서
하루의 주인도 신이심을 알기 때문입니다

지금 가진 것만으로
아무것도 바라는 게 없게 하소서
다만 지금 가진 것만으로
만족할 줄 알아 감사하게 하소서
만물의 주인도 신이심을 알기 때문입니다

신이시여
아무것도 바라는 게 없게 하소서
제 뜻대로 말고 신의 뜻대로 사는 것이

참 평화임을 알아 감사하게 하소서
일생을 신의 품 안에 사는 게 소망이기 때문입니다

소망을 이루고
또 세상을 통해서 얻는 것들이
신이 주시는 선물임을 알게 하시고
가진 것은 아낌없이 나누게 하소서
나눔은 아름다움의 꽃임을 알기 때문입니다

자비로우신 신이시여
아무것도 바라는 것이 없게 하소서, 하면서
많은 걸 바라는 어리석음을 용서하소서
다만 서로 사랑하며
소풍처럼 머물다 고운 노을을 맞게 하소서.

가면무도

행복을 전傳한다. 고
육신으로부터 얻는 줄 알았구나

자유를 주시고는 '몸뚱어리만을 위하는 구실로 삼지 마라.'
오히려 사랑으로 섬기라. 시거늘

짊어져야 하는 짐인 줄 모르고
생명을 끊는단 말인가

믿음 준 이들에게 죄송하다. 고

머리로 이르고
빈 가슴으로 행한 가면무도

세상은 참 이상도 하지
나중에 아플 줄 뻔히 알면서도

빛 좋은 말엔 귀를 잘도 기울이고
농부農夫의 참된 말은 왜 안 듣지

진리眞理가 가까이에 없으니
두렵고 무섭지.

어둠

가슴은 바위에 짓눌린 듯
마음은 가을빛 태양 아래 있건만
캄캄한 굴속을 헤매네
영혼은 하룻밤 찬바람에 말라
길 위에 떨어져 구르는 낙엽처럼 우는구나

끝이 어딘지도 모르는 채
앞만 바라보고 달려온 길
점점 해는 저물어 노을빛은 짙어 오는데
갈 곳이 어디인지도 모르는 채
허둥거리고 바쁘기만 하구나

노여움일랑은 하늘에 맡겨 두고
갈 길도 하늘에 물으면 될 일인걸
길을 잃어 방황하는 나그네
눈멀고 귀먹어 있으니
이 일을 어찌한단 말인가.

믿음

만약 당신이 당신 자신의
못 미더워하는 구석을 마음속에 남겨 둔 채로

세상 더러 당신의 자신을 믿어 달라고 한다면
당신이라면 믿어 줄 수 있겠소

선함과 의로운 일을 계획하고 있다면
완전한 믿음으로 하십시오

완전한 믿음은 당신의 소망을 꼭 이뤄 놓을 것이며
기적 같은 신비로움에 놀라게 될 것입니다.

오류

자연의 순환에는 오류가 없습니다
하지만 인간의 학문에는 반드시 오류가 일어납니다
그러니 인간은 처음부터 끝까지 겸손하여야 합니다

자연은 작위 하지 않고도 돌고 돌고 돌아갑니다
자연에서 보고 얻으라 합니다
오르지 자연은 진리이며 진리는 변하지 않습니다

작위 하는 것은 이롭지 않습니다.
흉함으로 고통이 따라옵니다.
진리 안에 머무는 것만이 평화롭습니다.

가는 것 오는 것

태초부터 오고 갔었네
억지를 부려
붙든다고 붙잡아지는가

마소
마소
오고 가는 것은 하늘이 정해둔 순리요

어제는 지나간 것이니 마음 두지 마소
내일은 오지 않은 것이니 근심하지 마소
오직 시방이나 잘 사소

산다는 게 별거요
그림자 같지 않소
시방은 살아 있으니 고마워하소

가진 것 더 많이 나누소
더 많이 사랑하소
더 많이 진실하여 지소

꿈을 꾸고
앞날을 그리려거든
하늘에 뜻을 물어보소

이미 정하여 진대로 이루어졌으니
억지 부리지 마소
그냥 순종하소

하늘의 뜻 따라왔고
하늘의 뜻 따라갈 거며
하늘의 뜻 따라 살아가게 될 것이요.

쫓지 말라

머물러 있지 않으니
지루하지 않고 재미있지 않으냐
유혹에는 빠지지 말라

쫓지 말라
쫓지 말라
걸려서 넘어진다

세상이 머무른듯하더냐
물도 흐르고 흘러서 가고
구름도 바람 따라 스치고 지나간다

쫓지 말라
쫓지 말라
걸려서 넘어진다

기쁨도 행복도 흘러가는 것
슬픔도 고통도 흘러가는 것
세상사 모두가 스치고 가는 것이란다.

진실眞實

스쳐 간 과거는
한바탕 꿈일러라
아직 오지 않은 미래는
환상일 뿐일러라

꿈속에는 헤매지 말라
헛된 일이다
환상 속에서도 헤매지 말라
그 또한 헛된 일이다

세상만사 돌고 돈다
만물 중에 변하지 않는 것 있다더냐
실상을 알고 나면
생사의 큰 강물을 건너간다.

동토凍土로 가셔요

그대들의 생각이 옳다고
남의 생각을 업신여기지 마오
눈을 감고 깊이 생각에 잠겨 보셔요
님의 말씀을 가슴으로 들어 보셔요
만약 들리지 않는다면
그대들의 가슴마저 꽁꽁 얼어붙은 동토요
가슴을 데우고 따뜻한 피가 흐르게 하셔요
착한 눈으로 보고
착한 귀로 듣고
착한 입술로 말하셔요
님이 그대들에게 지워 주신 것은 특권이 아녀요
십자가인 줄 모른단 말이시오
동토凍土로들 가셔요
거기로들 가서 순교를 이루시오
님께서 즐기심은 독설毒說이 아녀요
오르지 진실한 행동이에요
수많은 이들이 그대들을 위하여 간절한 기도를 올리나니
동토凍土로들 가시오
거기로 가서 님에게로 간절히 구원하시어
단단하게 얼어붙은 언 땅 데울 빛을 달라셔요
쏟아 내리시는 빛으로 그 땅 부드럽게 녹아들어

새싹이 움터 일어나거든 정성으로 가꾸셔요
님께서도 보시고 즐기실 일이에요
새싹이 파릇파릇 돋아나게 시리
꽁꽁 얼어붙은 땅
어물어물하지 말고 어서들 가서 녹이시오.

돌고 돌고

자신이 지어내는 업業
돌고 돌아 자신으로 돌아온다

인연의 그물은
넓고도 넓어라

어리석은 세상을 이기려 말라
그리하면 더불어 어리석어진다

천국으로 가려 죽음을 기다리지 말라
지금 그대가 밟고 서 있는
발아래 그 길이 천국으로 가는 길이란다

허둥거리지도 두리번거리지도 말라
지금 서 있는 그 자리에서 시작하면
천국으로 이르리라

등불을 구하려 말라
영원히 빛날 진리의 빛을 구하라

돌고 돌아가는 인연의 그물에 묶기지 말고
진리로 자유로움을 얻어라.

일기일회一期一會

앎은 무슨 소용
하늘 땅을 다 담은 영화는 무슨 소용
잠시 생겨났다가
흔적도 없이 사라져갈 이슬 같은 것

여기 와서
한판 잘 놀았는가
참말로 잘 놀다가 가는가
그대 두고 가는 것에 대한 미련은 없는가

가소, 잘 가소
그대 올 때도 벌거벗은 맨몸이었소
모두 다 벗어 놓고
내려놓고 그냥 가소

지금은 서로 갈라져
그대와 나는
이대로는 만날 수 없는
하늘나라 땅의 나라

언젠가는 다시 만나리
단 한 번뿐인 만남
반가움
기쁨으로 얼싸안고 새가 되어 만나리.

눈높이 아버지

님의 눈높이는 얼마여요
누구에게나 맞추면
또박또박 잰 듯이 맞아떨어지니 말이어요
그렇다고 해서 눈이 여럿인 것은 아니잖아요

마음 가는 데로
몸이 가는 대로 행하여도 그릇됨이 없을 만큼
길게 살아오신 세월

삶의 본질을 다 꿰뚫으시고도
근엄하지도 않으시고
늘 다정다감하시니
인자하신 아버지 같으시잖아요

이곳저곳
양의 우리마다 분별없이 살피시며
사랑이 가득히 담긴 말씀과
더불어 웃음보따리를 듬뿍듬뿍 풀어놓으시니
님은 혹시 바보 아니신가요

마음의 정원엔
눈보다도 더 흰 백합꽃 피우시고
임하시는 곳마다
진한 향기를 내어 놓으시는 님

넓기에는 푸른 하늘이요
깊기에는 헤량할 수 없는 바다요
고요하기에는 넓은 호수를 닮으신 우리 님

님이시여!
일생 순간순간을 기쁨으로
고요한 기쁨으로 머무르소서.

육필 시

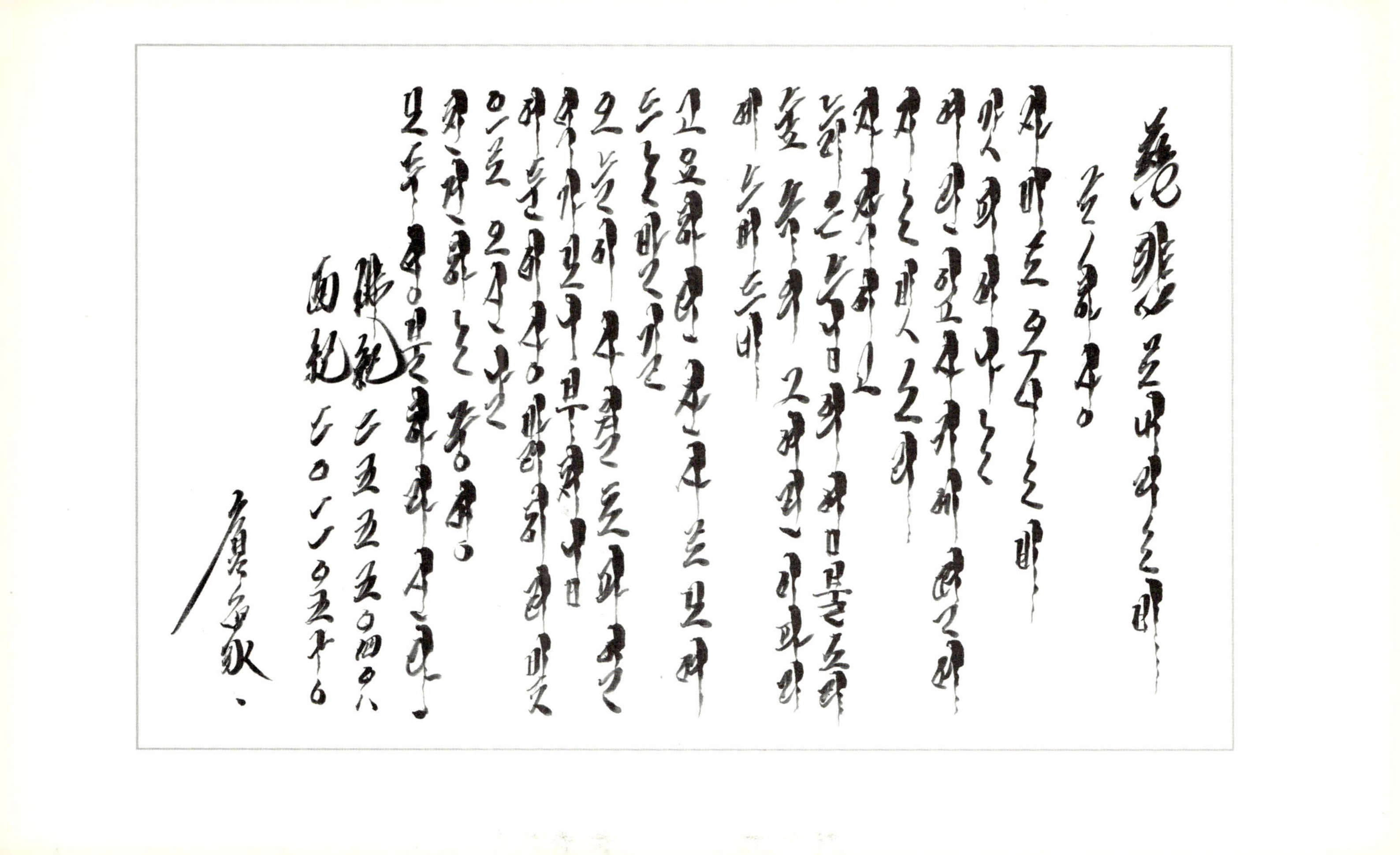

慈悲 [illegible]

[illegible]

佛紀 二五五五 四 八

西紀 二○一一 五 十

[illegible]

시평

평생 교육자로 살아온 내가 본 시인 하상 신영학

손숙기

평생 교육자로 살아온
내가 본 시인 하상 신영학

–. 6살 신동이었던 그가 천재시인으로 완성되어가고 있다.

고향에서는 그를 어렸을 때 신동이라고 불렀었다.

동네에서 4살 때부터 천자문, 동몽선습, 계몽 편, 명심보감, 소학, 대학 등을 6,7살에 달달 외웠다. 불교 경전이 그의 몸에 내재되어 있다. 명심보감을 줄줄이 외우고 해석했던 그가 간결하고도 마음을 편안하게 정화시키는 가장 절제된 아름답고도 깔끔한 시를 쓰고 있다. 그의 시는 맑고 향기로우며 간결하다. 음성은 더욱 맑고 차분하여, 마주앉아 얘기하고 있으면 마치 조용한 깊은 산 속의 폭포수 아래 있는 듯 편안하고도 상쾌함을 느낀다. 마음에는 지고하고도 순수한 사랑이 담겨 있다. 그러한 그를 난 천재 시인이라 감히 말하고 싶다. 내가 그를 천재라 함은

첫째 시의 구성에 맑고 신선함에 중심을 두어 읽는 이의 마음에 평안을 갖게 하는 것.

둘째 세상 전체를 보는 안목 즉 부처의 세계, 하느님의 세계, 즉 신의 세계와 인간관계를 가까이하여 모두가 행복을 누리게 하는 궁극적 목표가 있는 점에 더 비중을 두었다.

셋째는 일상으로 하는 말이 곧 시로 만드는 능력이 대단하다. 다시 말하면 언어가 창고에 가득히 쌓여 있어 바로 꺼내어 쓴다는 것이 맞는 표현일지, 스쳐 가는 감정을 잘도 붙들어 표현한다

어린 시절 그 당시 6대 독자였던 그를, 유명한 스님이 이 아이를 잘 키워 줄 테니 달라고 했던 적이 있었단다. 왜 그랬을까? 총명하여 큰 스님으로 만들고 싶었던 것 아닐까? 오랜 세월이

지났는데도 풀리지 않는 수수께끼로 남는다.

하상 시인은, 명성을 날리려 하지도 않고, 경제적 욕심도 없이, 가진 것 다 부족한 곳에 나누어 주는 사랑을 베푼다. 아이들에 대한 진정어린 사랑으로 끌어안고, 사랑 어린 말로 눈높이를 같이하여 어루만져 줄 때, 하느님의 지고한 사랑을 실천하는 모습이 이런 것이라고 재삼 느껴본다.

범상치가 않았다. 그러나 지금 그의 생활은 검소하게 어린이에서 할머니까지 잘 챙기며 칭찬 격려 훈계를 아끼지 않으며 사람들과 더불어 살고 있다.

一. 솔직과 겸손하며 지혜롭다

그는 늘 깨어 있다. 시원한 바람에 미소 짓는 새벽 별처럼 그의 생각은 반짝인다.

어린아이의 심성을 본보기로 하며 생각에 군 더덕이 없이 솔직하게 표현한다. 자연을 , 새싹을, 어린아이를, 힘없고 가난한 이들을, 다정한 가슴으로 그리고 하느님 말씀에 마음을 두고 산다. 그래서 늘 기도하고 신앙심 많은 이를 섬기고 또 신앙 모임에 참여하기를 기뻐한다.

불교 지혜의 바탕이 체계화 되어 있는 상태에서 가톨릭 신자이기에 성경에 관해서 성직자처럼 박식하다. 그는 독서력도 대단하다.

욕심없는 삶, 하느님께 전적으로 봉헌하는 삶 어느 때는 현대의 생활인이 맞는가? 가족들은 잘사나 싶을 때가 있다. 그러나 어느 가족보다도 주위에 부지런히 사랑을 베풀며 더욱 존경하며, 존경받으며 잘살고 있다. 내가 살아가는 여정에 이렇게도 순수하고 하느님의 사랑을 실천하는 모습의 사람을 볼 수 있는 것이 참 기쁘다.

一. 그는 하느님의 사랑을 단순화하여 실천하는 시인이다

그의 시는 침묵 속에 님(하느님)을 향한 마음이 함유되어 있다. 언어전달의 최고의 형식인 시로서, 고귀한 단순과 위대한 고요를 생각나게 한다. 하상 시인이라고 삶 속에 좋은 일만 있으랴마는 힘들고 고통스러운 일은 속으로 인내하고 삼키며 하느님께 의존한다. 영적 생활의 시작이요 뿌리인 믿음 없이는 하느님을 기쁘게 해 드릴 수 없다.

고요하고 온유하신 하느님의 밝은 빛을 나타내, 읽는 이로 하여금 님(하느님)의 향기가 온몸에 스며 들어 많은 독자들이 하룻밤 새에 한 권의 시집을 완독 하게 한다.

그의 시를 읽고 나면 맑고 따뜻한 물에 꽃잎을 띄워 목욕 한 듯 상쾌하다.

사람이 선한 일을 하면, 기쁨을 느낌과 동시에, 스스로 자신의 품성이 나날이 향상되고 있음을 깨닫게 된다. 그는 권력과 부귀영화를 부러워하지 않는다. 현실에서 참되게 사는 길을 가르쳐 주는 고단한 몸을 즐기는가보다.

그는 하루 24시간을 충실히 활용한다. 운동량도 상당하다. 시간가는 소리, 물소리, 새싹들이 잠 깨는 소리, 바람 소리, 새들의 대화를 제일 먼저 들으며 운동하러 나가는 인내심이 있다 제기차기는 한번에 2만 번 이상하여 세계 1인자로 기네스북 기록보다도 훨씬 많은 것을 보면 집중력과 체력은 상상을 초월한다.

모든 생활을 주님께 맡기며 마음의 평정을 갖고 산다. 그 많은 지식과 경험을 구태여 미사어구를 써서 말하려 하지 않고 절제된 단어로 단순화시킨다. 그의 가슴속엔 든든한 하느님의 후광을 담고 다닌다.

하상시인은 숲 속의 풀잎과 꽃, 새싹, 나뭇잎 등 자연과 대화를 나누는가보다 꽃향기, 사랑, 바람 거의 모든 시는 하느님의 사랑에 초점이 맞춰진다.

–. 「하상, 심신건강관리연구원 원장」 심리상담사이다

우리 몸에 모든 병은 마음에 있어 건강이 좋고 망가지는 것은 모두 마음에서 온다고 보고 마음의 평정을 우선으로 하고 있다. 그의 시를 읽을 때는 어린 시절, 아득한 추억과 함께 평화로운 마음으로 돌아간다. 맨흙으로 다져논 오솔길과 꽃동산이 있다.

시를 읽고 있노라면, 마치 나뭇잎이 빗물에 세수하듯이 우리의 고단한 마음이 꽃향기에 씻어지는 듯싶다. 그는 여간해서 잘 웃지는 않지만 웃는 방법이 참 특이하다 얼굴 전체로 웃어 환한 웃음을 보인다. 보통사람 대부분은 입으로만 웃는 데 비해서 그는 양 볼을 안으로 모으니 눈은 자연스레 작아지고 입은 벌어지는 데 보기 드문 상큼하고 깨끗한 치열에 상대방의 마음을 정화시킨다. 심리상담 원장님으로서 이만한 용모를 갖추고, 좋은 말을 해주면 웬만한 마음의 병 정도는 봄날 햇볕에 어수선 하던 일들은 다 녹아버리고, 만물이 소생하듯, 꽃이 피고, 아지랑이 피어 오르듯, 가슴엔 평화의 나비가 날지 않을까? 그의 목소리는 조용하면서도 맑고 정확한 발음이며 외모 또한 준수하다. 운동으로 다져진 체격에 맑은 시의 고요함이 배어 있다. 정신 건강을 위한 많은 사례를 어떻게 그리도 줄줄이 외우고 있는지 하상의 두뇌 용량은 얼마나 큰지? 막힘없이 기억하고 있음이 신기하기만하다. 그의 시는 맑고 온화하여 병든 사람의 마음도 출렁이게 한다. 마음의 평정은 얼크러진 우리 몸의 원소들을 제 위치로 돌아가게 한다. 그의 기도 중에 가슴에 진하게 와 닿는 대목이다.

“아직 오지 않은 내일을
걱정하지 말게 하시며
시방 가진 것만으로도
만족하게 하시고
하루하루를 열어 주시는 것을
하찮게 여기지 말게 하시며,
더 많이 나누고
더 많이 사랑하고
더욱 진실한 마음으로
열심히 살아가게 하소서.”

마음을 밝게 하고 심신을 평화롭게 하는 이야기 사례들을 막힘없이 깔끔하게 예를 들어 감화시킨다.

하느님을 향한 완전한 믿음을 갖고, 서로 사랑으로 감싸주고, 하느님을 만나려는 미래에 다가올 영광을 소망해야 할 것이다.

물처럼 구름처럼

초판 2쇄 2011년 6월 10일
초판 발행 2011년 5월 25일

지은이 하상 신영학
펴낸이 양상구
웹디자인 김태완
펴낸곳 도서출판 **채운재**
주소 100-861 서울시 중구 충무로2가 49-8
(서울빌딩 202호)
전화 02-704-3301
팩스 02-2268-3910
손전화 010-5466-3911
이메일 ysg8527@naver.com
정가 12,000원